Animales espinosos

El equidna

Lola M. Schaefer

Traducción de Patricia Abello

Heinemann Library
Chicago, Illinois

Designed by Sue Emerson, Heinemann Library; Page layout by Que-Net Media
Printed in China
Photo research by Scott Braut

08 07 06
10 9 8 7 6 5 4 3 2

Library of Congress Cataloging-in-Publication Data
Schaefer, Lola M. 1950-
[Echidna. Spanish]
    El equidna / Lola M. Schaefer; traducción de Patricia Abello.
        p.cm.--(Animales espinosos)
    Includes index.
    Contents: ¿Qué es el equidna? --¿Dónde vive el equidna? --¿Cómo es el equidna? -- ¿Cómo es la textura del equidna?-- ¿Cómo usa las espinas el equidna?-- ¿De qué tamaño es el equidna? -- ¿Cómo se mueve el equidna? -- ¿Qué come el equidna?-- ¿Cómo se reproduce el equidna?
    ISBN 1-4034-4299-1 (HC), 1-4034-4305-X (Pbk)
1. Tachyglossidae--Juvenile literature. [1. Echidnas. 2. Spanish language materials.] I. Title.
QL737. M73S3218 2003
599.2'9 --dc21

                                                        2003049944

Acknowledgments
The author and publishers are grateful to the following for permission to reproduce copyright material:
Title page, p. 15t Tom McHugh/Photo Researchers, Inc.; p. 4 Mitsuaki Iwago/Minden Pictures; p. 5 Martin Harvey/NHPA; p. 6 Jan C. Taylor/Bruce Coleman Inc.; pp. 7, 9 B. G. Thomson/Photo Researchers, Inc.; pp. 8, 22, 24 Norman Owen Tomalin/Bruce Coleman Inc.; p. 10 Fritz Prenzel/Animals Animals; p. 11 Gerard Lacz/Animals Animals; p. 12 A. B. Joyce/Photo Researchers, Inc.; pp. 13, 16, 21 The Pelican Lagoon Research Centre; p. 14 Laura Riley/Bruce Coleman Inc.; p. 15b Corbis; p. 17 Hans & Judy Beste/Animals Animals; pp. 18, 20 Jen and Des Bartlett/Bruce Coleman Inc.; p. 19 Kathie Atkinson/Animals Animals; p. 23 (row 1, L-R) Frithfoto/Bruce Coleman, Corbis, B. G. Thomson/Photo Researchers, Inc.; (row 2, L-R) A. N. T./NHPA, Jen and Des Bartlett/Bruce Coleman Inc., Courtesy of Skulls Unlimited; (row 3, L-R) Robert Lifson/Heinemann Library, Mitsuaki Iwago/Minden Pictures; back cover (L-R) B. G. Thomson/Photo Researchers, Inc., Mitsuaki Iwago/Minden Pictures

Cover photograph by Mitsuaki Iwago/Minden Pictures

Every effort has been made to contact copyright holders of any material reproduced in this book. Any omissions will be rectified in subsequent printings if notice is given to the publisher.

Special thanks to our advisory panel for their help in the preparation of this book:

Anita R. Constantino
Literacy Specialist
Irving Independent School District
Irving, TX

Aurora Colón García
Reading Specialist
Northside Independent School District
San Antonio, TX

Leah Radinsky
Bilingual Teacher
Inter-American Magnet School
Chicago, IL

Ursula Sexton
Researcher, WestEd
San Ramon, CA

Unas palabras están en negrita, **así.**
Las encontrarás en el glosario en fotos de la página 23.

Contenido

¿Qué es el equidna?

El equidna es un animal con huesos.

Es un **vertebrado**.

pelo espinas

El equidna tiene un cuerpo corto y redondo.

Está cubierto de pelo y **espinas** afiladas.

¿Dónde vive el equidna?

Los equidnas viven en distintos lugares.

Unos viven en el **desierto**.

Otros equidnas viven en el **bosque.**

Algunos equidnas hasta viven en lugares altos y rocosos.

¿Cómo es el equidna?

garras

El equidna es redondo como una bola.

Tiene cinco **garras** afiladas en cada pata.

hocico

El equidna tiene ojos pequeños.

También tiene un **hocico**.

¿Cómo es la textura del equidna?

Las **espinas** del equidna son lisas, como un popote de plástico.

Pero las puntas de las espinas son afiladas, como agujas.

pelo

Las patas y la cabeza del equidna son más suaves.

Tiene pelo suave en esas partes.

¿Cómo usa las espinas el equidna?

El equidna usa sus **espinas** afiladas para protegerse.

Cuando se asusta, se enrolla como una bola.

Las espinas afiladas espantan
a sus enemigos.

¿De qué tamaño es el equidna?

Una cría de equidna cabe en tu mano.

Las **garras** son tan pequeñas como la uña de un niño.

Los equidnas adultos pueden ser tan grandes como una pelota de fútbol americano.

Sus garras pueden crecer hasta ser tan largas como un dedo.

¿Cómo se mueve el equidna?

El equidna camina en cuatro patas.

Se menea como un pato.

El equidna también sabe nadar.

¿Qué come el equidna?

El equidna come hormigas y otros insectos.

Atrapa la comida con su lengua larga y pegajosa.

A veces el equidna come gusanos.

Usa las **garras** para excavar la tierra en busca de gusanos.

¿Cómo se reproduce el equidna?

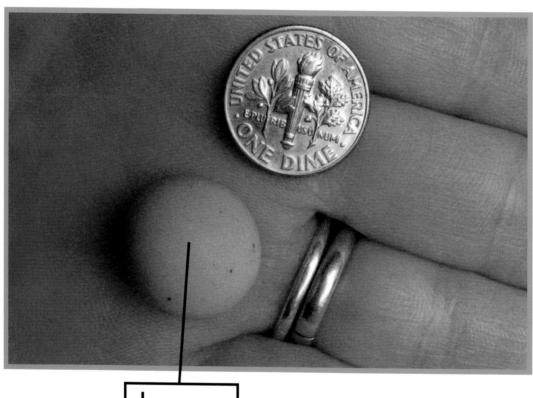

huevo

La equidna hembra pone un huevo cada año.

El huevo es más pequeño que una **moneda de diez centavos.**

Del huevo sale un equidna recién nacido.

Se queda dentro de la **bolsa** de su mamá hasta que le crecen **espinas.**

Prueba

¿Qué son estas partes?

Búscalas en el libro.

Busca las respuestas en la página 24.

? ? ?

Glosario en fotos

garra
páginas 8, 14,
15, 19

bosque
página 7

espinas
páginas 5, 10,
12–13, 21

desierto
página 6

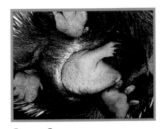

bolsa
página 21

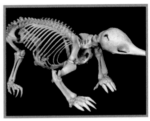

vertebrado
página 4

**moneda
de diez
centavos**
página 20

hocico
página 9

23

Nota a padres y maestros

Leer para buscar información es un aspecto importante del desarrollo de la lectoescritura. El aprendizaje empieza con una pregunta. Si usted alienta a los niños a hacerse preguntas sobre el mundo que los rodea, los ayudará a verse como investigadores. Cada capítulo de este libro empieza con una pregunta. Lean la pregunta juntos, miren las fotos y traten de contestar la pregunta. Después, lean y comprueben si sus predicciones son correctas. Piensen en otras preguntas sobre el tema y comenten dónde pueden buscar las respuestas.

❗ PRECAUCIÓN: Recuérdeles a los niños que no deben tocar animales silvestres. Los niños deben lavarse las manos con agua y jabón después de tocar cualquier animal.

Índice

Respuestas de la página 22

garras | hocico | pelo

24